1689

DECLARATION

DV ROY, ET ARRESTS DV

Conseil donnez en consequence, Portant
que tous Estrangers residens ou possedans
biens, Offices ou Benefices dans le Royaume,
Païs, terres & seigneuries de l'obeïssance de sa
Majesté, de quelque nation, qualitez & conditions qu'ils soient, ou leurs premiers des-
cendans, heritiers, successeurs ou donataires
de leurs biens ; payent les sommes ausquelles
ils seront taxez, suiuant les Rolles qui en seront expediez, Pour iouïr par eux des mesmes
honneurs, franchises, priuileges & libertez,
que les naturels Subjets de sa Majesté : Estre
déchargez de toutes recerches qui pourroient estre faites contr'eux pour raison des
transports d'or, d'argent, pierreries & autres
effets, hors le Royaume ; Ensemble du prest
ordonné estre fait à sa Majesté par les aisez
de son Royaume.

Leuë, publiée & registrée en la Grande Chancellerie
le trentiéme Ianuier 1639.

A PARIS,

Par A. ESTIENE, C. PREVOST, S. CRAMOISY,
P. ROCOLET & S. CHAPELET, Imprimeurs
ordinaires du Roy.

Ruë S. Iacques, deuant l'Eglise S. Benoist, au College Royal.

M. DC. XXXIX.

Auec Priuilege de sa Maiesté.

(6)

27

LOVIS par la grace de Dieu Roy de France & de Nauarre, A tous ceux qui ces presentes verront, Salut. Le Roy Henry III. d'heureuse memoire, recognoisſát comme pluſieurs Eſtrangers habituez en ce Royaume, s'eſtoient grandement enrichis & augmentez de biens par leur commerce ; & voulant les faire contribüer aux deſpenſes de l'Eſtat, auroit par ſon Edict du mois de Septembre 1587. ordonné que tous Marchands, Banquiers & Courtiers Eſtrangers reſidens en ce Royaume, ſeroient obligez de prendre des Lettres qui leur tiendroient lieu de naturalité, en payant par chacun d'eux, vne fois ſeulement, les ſommes auſquelles ils ſeroient taxez, & qu'en cette taxe ſeroient compris ceux deſdits Eſtrangers qui auroient obtenu Lettres de naturalité, pour iouïr des meſmes priuileges &

A ij

libertez que les regnicoles, à la charge
que sur leurs taxes il leur seroit déduit
ce qu'ils feroient apparoir auoir payé
pour la concession desdites Lettres. De-
puis lequel temps, plusieurs Marchands
& autres Estrangers de toutes conditions, se sont venus habituer auec leurs
familles en nostre Royaume, aucuns des-
quels ne se sont souciez de prendre Lettres de naturalité pour iouir des mesmes
franchises que nos Subjets; & ceux qui
en ont obtenu de nous, n'ont pour ce
payé aucune chose, bien que suiuant nos
Ordonnances ils y fussent tenus, ou ils
ont payé des sommes si modiques, que
nous n'en auons receu aucun aduanta-
ge : Et comme dans la necessité presente
de nos affaires, à laquelle les plus puis-
sans Estats se reduisent par la continua-
tion de la guerre, nous sommes contraints à desirer tous les iours diuers se-
cours extrordinaires de nos Subjets; ils
se trouuent chargez de tout le faix des
despenses de nostre Estat, pendát que les
Estrangers demeurans en nostre Royaume, non seulement iouissent du repos
que nous auons acquis par nos trauaux

& nos soins, mais en ont tiré & tirent iournellement par leur industrie & correspondance, de grandes richesses en deniers comptans, pierres precieuses & autres effets, qu'ils transportent sous main és lieux de leur origine, nonobstant les defenses qui en sont faites tres-expressément par nos Ordonnances; ce qui nous donneroit lieu de faire faire (auec iustice) d'exactes recerches desdits transports, & de proceder extrordinairement contre ceux qui les commettent ou y participent, pour nous acquerir la confiscation de leurs biens: Entre lesquels Estrangers, ceux qui estás de tout temps reputez nos regnicoles, se trouuent seulement tenus de prendre nos Lettres de Declaration, ayans commis les mesmes abus, & iouïssans du mesme benefice de la tranquillité de nostre Royaume, que nos Subjets, sans contribuer aux charges qu'ils supportent, Nous auons bien estimé raisonnable, d'obliger tous lesdits Estrangers à nous ayder à soustenir les immenses despenses de la presente guerre; & en leur continuant les mesmes faueurs qu'ils ont receües des Roys nos

predeceffeurs , tirer d'eux quelque fe-
cours en cette confideration : ce qui
nous auons iugé ne pouuoir faire par de
plus doux moyens, que par des taxes
moderées qui feront faites fur eux felon
leurs biens & facultez : SçAVOIR FAI-
SONS, Que nous pour ces caufes, aprés
auoir mis cette affaire en deliberation en
noftre Confeil : DE l'Aduis d'iceluy, &
de noftre certaine fcience, plaine puif-
fance & authorité royale, Avons par
ces prefentes fignées de noftre main, dit
& declaré, difons & declarons, voulons
& nous plaift, Que tous Eftrangers, tant
Marcháds, Bourgeois, Banquiers, Courtiers & auttes refidens ou poffedás biens,
Offices ou Benefices en ce Royaume,
Païs, terres & feigneuries de noftre obeïffance, de quelque nation, qualité & condition qu'ils foient, foit qu'ils ayent obtenu Lettres de naturalité, de declaration ou non , ou chacun de leurs premiers defcendans, fucceffeurs, heritiers
ou donataires de leurs biens, payent au
Treforier de noftre Efpargne, ou au Porteur de fes quittances, aux Bureaux qui
pour cét effet feront eftablis en chacune

Generalité du reſſort de leur demeure,
les ſommes auſquelles ils ſeront moderément taxez en noſtre Conſeil, auec les
deux ſols pour liure d'icelles, ſuiuant les
Rolles qui en ſeront pour ce expediez, à
la charge que ceux qui iuſtifieront nous
auoir payé quelque ſomme en execution
dudit Edict, ou de leurs Lettres, ladite
ſomme leur ſera precomptée, déduite &
rabatuë ſur le prix de leurs taxes : moyennant le payement deſquelles, nous voulons que tous leſdits Eſtrangers iouïſſent
des meſmes honneurs, franchiſes, priuileges & libertez que nos naturels Subjets, & comme tels, nous auons declarez
dés à preſent comme pour lors, capables
de trafiquer, negocier & exercer toutes ſortes d'Arts & Meſtiers en noſtre
Royaume, voulons que toutes Lettres
pour ce neceſſaires leur en ſoient expediées : Comme auſſi, qu'ils demeurent
déchargez, comme nous les déchargeons
par ces preſentes, de toutes recerches
qu'on pourroit faire contr'eux pour rai-
ſon deſdits tranſports d'or, d'argent, pierres precieuſes & autres effets hors de noſtre Royaume, commerce, change & re-

change, prefts d'argent, qu'ils pourroient
auoir faits iufques à ce iourd'huy contre
nos Ordonnances, impofant fur ce filen-
ce perpetuel à nos Procureurs Generaux, leurs Subftituts prefens & à venir,
& à tous autres nos Officiers & Subjets.
Lefquelles taxes & deux fols pour liure
d'icelles, feront payées; fçauoir moitié
quinzaine apres le premier commandement qui leur en fera fait à leurs perfon-
nes ou à leurs domiciles, & l'autre moitié deux mois apres: Et à ce faire feront
lefdits Eftrangers, chacun de leurs premiers defcendans, fucceffeurs, heritiers
ou donataires de leurs biens, contraints
comme pour nos propres deniers & affaires, mefmes par faifie & vente de leurs
biens, meubles, immeubles & Offices, qui
fera faite par deuant les Commiffaires
qui feront par nous deputez pour cét effet, apres trois publications & affiches de
huictaine, fans autre remife: le prix defquels biens, Offices & effets mobiliers,
fera deliuré par les adiudicataires, depofitaires & debteurs d'iceux, és mains des
Porteurs des quittaces defdites taxes, iufques à la concurrence d'icelles; moyennant

nant quoy, ils en demeureront bien &
valablement déchargez. Pour empef-
cher le diuertiffement defquels effets
mobiliaires, voulons & nous plaift que
les depofitaires & debteurs d'iceux en
donnent leurs declarations en chacuns
defdits Bureaux, huictaine apres l'efta-
bliffement d'iceux, à peine de fix mil liures d'amende, & d'eftre contraints au
payement defdites taxes en leur propre
& priué nom: leur faifant defenfes de
s'en défaifir, iufques à ce que lefdites taxes ayent efté acquittées : & aduenant le
decez de ceux qui auroient fait refus du
payement defdites taxes, leurs biens &
effets nous demeureront acquis & con-
fifquez, nonobftant toutes Lettres qu'ils
pourroient auoir obtenuës ou obtenir
cy-apres au prejudice de ce, lefquelles
pour cét effet nous auons reuoquées &
reuoquons par ces prefentes: faifant tres-
expreffes inhibitions & defenfes à tous
lefdits Eftrangers, de plus trafiquer, negocier, ny autrement s'entremettre en la
fonction de leurs Charges, Offices, Banques, Arts & commerces, qu'apres auoir
fatisfait aux payemens defdites taxes, à

peine de defobeïffance, & confifcation
de leurs biens & Offices contre les contreuenans.

Si DONNONS EN MANDEMENT
à noftre tres-cher & feal Chancelier le
Sieur Seguier, Que ces prefentes il aye à
faire lire & publier, le Seau tenant, &
icelles regiftrer és Regiftres de la Chancellerie, & du contenu faire iouïr & vfer
plainement, paifiblement & perpetuel-
lement, ceux qui auront payé lefdites taxes, leurs vefues, heritiers & fucceffeurs;
ceffant & faifant ceffer toûs troubles &
empefchemens au contraire, nonobftant
oppofitions ou appellations quelconques, pour lefquelles ne voulons eftre
differé; defquelles, fi aucunes interuien-
nent, enfemble de leurs circonftances &
dependances, nous referuons la cognoiffance en noftre Confeil, & icelle defen-
dons & interdifons à toutes Cours & Iuges quelconques, nonobftant clameur
de Haro, chartre Normáde, tous Edicts,
Ordonnances, Lettres, Reglemens, Priuileges & Declarations à ce contraires,
aufquelles pour ce regard nous auons
derogé & derogeons, & à la derogatoire

des derogatoires y contenuës. Et dau-
tant que defdites prefentes on pourra
auoir affaire en diuers lieux, nous voulons qu'aux copies d'icelles deuëment
collationnées par l'vn de nos amez &
feaux Confeillers & Secretaires, foy foit
adiouftée: CAR tel eft noftre plaifir. En
témoin dequoy, nous auons fait mettre
noftre Seel à cefdites prefentes. DON-
NE' à Sainct Germain en Laye le vingt-
fixiéme iour de Ianuier, l'an de grace mil
fix cens trente-neuf, & de noftre regne
le vingt-neufiéme. Signé, LOVIS: &
plus bas, Par le Roy, SVBLET, & feel-
lées du grand Seau de cire iaune fur dou-
ble queuë. Et encor eft écrit:

*Leuë & publiée le Seau tenant, de
l'Ordonnance de Monfeigneur Seguier,
Cheualier, Chancelier de France, moy
Confeiller du Roy en fes Confeils &
Grand Audiencier de France prefent, &
regiftrée és Regiftres de l'Audience de
France, A Paris le trentiéme iour de Ian-
uier 1639.* Signé, COMBES.

EXTRAICT DES REGISTRES
du Conseil d'Eſtat.

LE Roy voulant faciliter l'execution de ſa Declaration du mois
de Ianuier dernier, portant que
tous Eſtrangers de quelque nation, qualité & condition qu'ils ſoient, ſoit qu'ils
ayent obtenu Lettres de naturalité, de
declaration ou non, leurs premiers deſcendans, ſucceſſeurs, heritiers ou donataires de leurs biens, payeront au Treſorier de l'Eſpargne ou au Porteur de ſes
quittances, les ſommes auſquelles ils ſeront moderément taxez, auec les deux
ſols pour liure d'icelles, ſur les Rolles qui
en feront arreſtez, aux charges, clauſes
& conditions contenuës par ladite Declaration: SA MAIESTE' en ſon Conſeil, a ordonné & ordonne, Que tous
Eſtrangers, tant Marchands, Bourgeois,
Banquiers, Courtiers qu'autres, reſidens
ou poſſedans biens, Offices ou Benefices
en ce Royaume, Païs, terres & ſeigneu-
ries de l'obeïſſance de ſadite Majeſté, de
quelque nation, qualité & condition

qu'ils foient, foit qu'ils ayent obtenu Lettres de naturalité, de declaration ou non,
ou chacun de leurs premiers defcendans,
fucceffeurs, heritiers ou donataires de
leurs biens, payeront au Treforier de fon
Efpargne, ou au Porteur de fes quittances, aux Bureaux qui pour cét effet feront eftablis en chacune Generalité du
reffort de leur demeure, les fommes aufquelles ils feront taxez audit Confeil,
auec les deux fols pour liure d'icelles,
fuiuant les Rolles qui en feront expediez ; fçauoir moitié quinzaine apres le
premier commandement qui leur en fera fait en vertu du prefent Arreft, à per-
fonne ou domicile, & l'autre moitié deux
mois apres, fur lefquelles taxes fera déduit ce qu'aucun d'eux iuftifiera auoir
payé au Roy en execution de l'Edict du
mois de Septembre 1587. ou de leurs Lettres de naturalité : Moyennant le payement defquelles taxes, iouïront lefdits
Eftrangers des mefmes priuileges & libertez que les naturels Subjets de fadite
Majefté ; & demeureront déchargez de
toutes recerches qui pourroient eftre
faites contr'eux pour raifon des tranf-

ports d'or, d'argent, pierreries & autres
effets, hors le Royaume, commerce,
change, rechange, preſt d'argent, qu'aucun d'eux pourroit auoir fait contre les
Ordonnances : au payement deſquelles
taxes & deux ſols pour liure d'icelles, ils
ſeront contraints comme pour les propres deniers & affaires de ſa Majeſté, par
ſaiſie & vente de leurs biens, meubles,
immeubles & Offices, qui ſera faite par-
deuant les Commiſſaires qui ſeront à cét
effet deputez, apres trois publications &
affiches de huiĉtaine, ſans autre remiſe:
le prix deſquels biens, Offices & effets
mobiliaires, ſera deliuré par les adiudicataires, depoſitaires & debteurs d'iceux,
és mains des Porteurs des quittances
deſdites taxes, iuſques à concurrence d'i-
celles; moyennant quoy, ils en demeureront bien & valablement déchargez : Et
pour empeſcher le diuertiſſement deſdits effets mobiliaires, veut & entend ſa
Majeſté, que les depoſitaires & debteurs
d'iceux, en donnent leur declaration en
chacun deſdits Bureaux huiĉtaine apres
l'eſtabliſſement d'iceux, iuſques à la concurrence deſdites taxes, à peine de ſix

mil liures d'amende, & d'eſtre contraints
au payement deſdites taxes en leurs propres & priuez noms : leur faiſant ſadite
Majeſté defenſes de s'en déſaiſir, iuſques
à ce que leſdites taxes ayent eſté acquittées : Et aduenant le decez de ceux qui
n'auroient payé leſdites taxes dans leſdits delais, leurs biens & effets demeureront acquis & confiſquez à ſadite Majeſté, nonobſtát toutes Lettres qu'ils pourroient auoir obtenuës & obtenir à l'ad-
uenir au contraire, leſquelles elle a reuo-
qué & reuoque : Faiſant defenſes auſ-
dits Eſtrangers , leurſdits deſcendans,
ſucceſſeurs, heritiers ou donataires de
leurs biens , de plus trafiquer , negocier,
ny autrement s'entremettre en la fonction de leurs charges, offices, banques,
arts, commerces, qu'apres auoir ſatisfait
au payement deſdites taxes, à peine de
deſobeïſſance & de confiſcation de leurs
biens & offices contre les contreuenans.
Enjoint ſa Majeſté à ſes Gouuerneurs &
Lieutenans Generaux , ſes Procureurs
Generaux, leurs Subſtituts , Officiers,
Conſuls & Magiſtrats, de tenir la main
à l'execution du preſent Arreſt, à peine

d'en refpondre en leurs propres & priuez
noms, & de refpondre du retardement
de fon feruice, lequel fera executé nonobftant oppofitions ou appellations, pri-
fe à partie, clameur de Haro, chartre
Normande, & autres chofes à ce contraires; defquelles, fi aucunes interuien-
nent, fa Majefté s'en eft referué & à fon
Confeil, la cognoiffance, & icelle inter-
dite à toutes fes autres Cours & Iuges.
FAICT au Confeil d'Eftat du Roy, tenu
à Paris le neufiéme iour de Feburier mil
fix cens trente-neuf. Signé, BORDIER.

LOVIS par la grace de Dieu Roy
de France & de Nauarre, Au premier des Huiffiers de noftre Confeil, ou
autre Huiffier ou Sergent fur ce requis.
Nous te mandons & commandons que
l'Arreft dont l'extraict eft cy attaché fous
le contre-feel de noftre Chancellerie, ce
iourd'huy donné en noftre Confeil d'E-
ftat, Tu fignifies à tous Eftrangers, tant
Marcháds, Bourgeois, Banquiers, Courtiers, qu'autres, refidens ou poffedans
biens, Offices ou Benefices en ce Royaume, Païs, terres & feigneuries de noftre
obeïffance,

obeïſſance, de quelque nation, qualité
ou conditiõ qu'ils ſoient, leurs premiers
deſcendans, ſucceſſeurs, heritiers, donataires & autres qu'il appartiendra, à ce
qu'ils n'en pretendent cauſe d'ignoran-
ce, & faits pour le recouurement des taxes y mentionnées & l'entiere execution
d'iceluy, tous commandemens, ſomma-
tions, ſaiſies, ventes de biens, meubles,
immeubles & Offices, contraintes par
les voyes y declarées, defenſes, & autres
actes & exploits neceſſaires, ſans deman-
der autre permiſſion. Ordonnons & en-
ioignons aux Gouuerneurs & Lieutenans Generaux de nos Prouinces, nos
Procureurs Generaux, leurs Subſtituts,
Officiers, Conſuls & Magiſtrats, de tenir
la main à l'execution dudit Arreſt, ſur les
peines y declarées: CAR tel eſt noſtre
plaiſir, nonobſtant clameur de Haro,
chartre Normande, priſe à partie, op-
poſitions ou appellations quelconques,
dont ſi aucunes interuiennẽt, nous nous
en reſeruons la cognoiſſance en noſtre-
dit Conſeil, & l'interdiſons à tous autres
Iuges. Et ſera adiouſté foy comme aux
originaux, aux copies dudit Arreſt & des

C

prefentes collationnées par l'vn de n
amez & feaux Confeillers & Secretair
DONNE' à Paris le neufiéme iour
Feurier, l'an de grace mil fix cens trent
neuf, & de noftre regne le vingt-neufi
me. Signé, Par le Roy en fon Confei
BORDIER, & feellée du grand Seau
cire iaune, auec le contre-feel.

EXTRAICT DES REGISTRE
du Confeil d'Eftat.

LE ROY voulant faciliter l'executio
de fa Declaration du vingt-fixiém
Iáuier 1639. & Arrefts du Côfeil des neu
& feiziéme Feburier enfuiuant, portan
que les Eftrangers refidens ou poffedan
biens, Offices ou Benefices en ce Royau
me, & leurs premiers defcendans, fucce
feurs ou donataires de leurs biens, paye
ront les fommes aufquelles ils ferôt moderément taxez au Confeil, pour iouii
des priuileges, franchifes & libertez contenuës par ladite Declaration, A OR-
DONNE' & ordonne, Que les quittan ces
defdites taxes feront expediées par le
Treforier des Parties Cafuelles, nonob-

ſtant que par ladite Declaration il ſoit porté, qu'elles ſeront expediées par le Treſorier de l'Eſpargne, & icelles deli-urées par ledit Treſorier des Parties Caſuelles, à Maiſtre Claude de Pierreſit-te, que ſa Majeſté a commis & commet pour en faire le recouurement. FAICT au Conſeil d'Eſtat du Roy, tenu à Paris le deuxiéme iour de Mars mil ſix cens trente-neuf. Signé, BORDIER, & ſeellé.

EXTRAICT DES REGISTRES
du Conſeil d'Eſtat.

LE ROY voulant traiter fauorable-ment les Eſtrangers habituez en ſon Royaume, ou leurs premiers deſcen-dans, heritiers & donataires, qui paye-ront en ſon Eſpargne les ſommes auſ-quelles ils ont eſte taxez en execution de ſes Lettres de Declaration du vingt-ſixiéme Ianuier dernier, A ORDONNE' & ordonne, Qu'ils demeureront déchar-gez des taxes qui ſeront faites ſur les ai-ſez du Royaume, en execution de l'Ar-

reſt du Conſeil du   10
de Ianuier dernier. FAICT au Conſ
d'Eſtat du Roy, tenu à Paris le deuxiém
iour de Mars mil ſix cens trente-neu
Signé, BORDIER, & ſcellé.

*Collationné aux originaux par moy Conſei
ler Secretaire du Roy & de ſes Finances.*